シリーズ
教師のネタ
1000
②

どの子も笑顔になれる

学級づくり＆
授業づくりのネタ

35

土作 彰 著

JN069128

黎明書房

は じ め に

　夢を叶えて教壇に立つ。しかし，「教職課程ではこんなこと教えてもらってない……。」こんなことを感じたことはありませんか？

　例えば地図の学習で方位を教える時。北と南は教えやすいのですが，西と東は混同してしまい，理解できない子が続出します。こんな時どうしますか？

　例えば国語。「漢字なんて大っきらい！」と漢字に見向きもしない子がいます。何とか漢字の学習に興味を持ってほしいけどなかなか話を聞いてくれない。こんな時どうしますか？

　例えば失敗を怖れてなかなか積極的に発言しない子が多い時。こんな時どうしますか？

　こんな時にこそ即効性のあるネタを持っていればそれだけで子どもたちは劇的に変容し，教室はぐっとよい雰囲気になります。「この先生が教えてくれたら何でも解決できる！　ついていこう！」そのように子どもが教師のことを信頼してくれるからです。つまり望ましい人間関係を築くことができるわけです。

　「授業で学級づくりは決まる」という言葉はこのことに由来しているといって過言ではないでしょう。

　こんなネタがたくさんあればあるほどいい。そして力量のあると言われている先生の教育技術の数はハンパなく多いのです。

しかもそのネタは知っているだけでほとんどの人が使いこなせるのです。つまり最も早い教師の力量形成は「ネタをたくさん知ること」なのです。

　逆にネタを知らないでいると何年時間を費やしてもシロウト同然のままです。いい年をして，高額な給料を血税からいただきながら，まともな授業も学級づくりもできない教師に成り下がってしまうのが関の山です。私はそのような教師のことを「教育情報弱者」と呼んでいます。その意味では教師の力量に教職経験などほとんど関係ないとも言えるのです。

　さて，本書を手にとってくださった先生は「教育情報強者」の仲間入りです。おめでとうございます！　この本以外にもいまやたくさんのネタが書籍やネットから入手可能です。もっともっと収集して，たくさんのネタを持って子どもたちと楽しい時間を過ごしましょう。そして子どもや保護者の信頼を勝ち取りましょう。この1冊にはそのために役立つネタが満載です。早速明日の教室で使ってみてください。きっと子どもたちの目つきが変わるはずです！

土作　彰

★本書のネタは，新学社の教育情報誌『OF』にて連載中の「つっちゃんのミニネタコーナー」より抜粋精選したものです。

目　　次

第2章 ワンランク上の
学級づくり＆授業ネタ　21

第1章

ミニネタ集めは
力量形成の近道！

1 教師の世界は
「知ってりゃ勝ち！ 知らなきゃ負け！」
―教育情報強者となれ！―

　いきなりですが，地図帳を使った授業で「東西南北」を指導する局面があります。地図の上は「北」，反対に下は「南」と，ここまでは子どもたちはさっと理解してくれます。問題は「西」と「東」です。さて先生はどのように教えますか？

　ある国語辞典には「北を向いた時の右が東」と書かれていたりします。なるほどさすがの説明だなあと思います。しかし，このような言語情報から理解するのが難しい子どももいます。もっと瞬間的にさっと理解させる方法はないでしょうか？

　私は次のように教えます。

　「『北』という漢字を真ん中で2つに割ってごらん。右側にカタカナが現れませんか？」

　こう言うと多くの子どもたちは「ああっ！」と声をあげてくれます。

　「そう！　北の右側に『ヒ』が現れます。『ヒガシ』の『ヒ』ですね。つまり北の右側が『東』となるのです。」

　子どもたちの思いは「先生！　さすがあ！」となります。

また，次は5年生の算数の局面です。平行四辺形の面積を
求めます。次のような問題です。（左図）

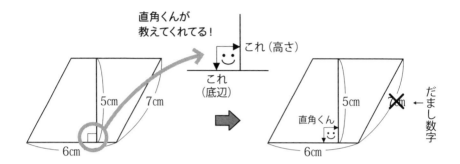

　正解は5cm×6cmで30cm²となるのですが，何人かの子どもは
5cmと7cmをかけてしまいます。底辺と高さが見極められない
のですね。

　このような時どう指導をしますか？　私は今から30年ほど
前，メンター（師匠）と仰いでいる千葉県小学校教師の戸田正
敏先生から，あるネタを教えていただきました。30年経った
今でも強烈に効果を発揮します。

　次のようにするのです。

　「どれとどれをかけるのか，直角くんが教えてくれてるんだ
よ。」

と言って上図のように直角くんに矢印を描き足します。これで
5と6をかけることが一目瞭然となります。「この時『7』はや
やこしいね。こういうのを『だまし数字』と言います。×で消
しておきましょう」と締めくくります。子どもたちの思いは
「先生！　さすがあ！」となります。

後述しますが，このように「先生の授業分かりやすい！」と思わせることは子どもたちとの信頼関係を強固なものにします。

　年齢など関係ありません。初任の先生でも次々こんなネタを子どもたちにぶつけていくだけで，授業を通じてよき人間関係に支えられた集団をつくることができます。学級づくりとは授業を通じて人間関係を構築していく営為に他ならないのです。

　再度言います。教師の世界は「知ってりゃ勝ち！　知らなきゃ負け！」なのです。教育情報強者となりましょう！

2　誰も説明できない迷信 「授業で学級づくりは決まる!?」

　教師になった人なら遅かれ早かれ次のような言葉を聞いたことがあると思います。

　「学級づくりは授業で決まる！」

　「授業で学級をつくるのだ！」

　もうこれは教師なら 100%知っているはずです。知らなければ「もぐり」と言ってもいいでしょう。

　しかし，「授業」と「学級づくり」との間にはどのような関係があるのでしょうか？　「授業」というのは教師なら簡単にイメージできます。しかし「学級づくり」をイメージするというのはなかなか容易ではないはずです。試しに「学級づくり」しているところをイラストに表してみてください。できますか？　難しいですよね？

　実は「学級づくり」というものには実体がないのです。いわば怪しい「概念」のようなものと言えるでしょう。我々は「学級づくり」という虚像の存在を信じて追い求めているだけなのかも知れません。無いものを信じるのは「迷信」ということになります。

　しかし，そうは言っても「授業の上手な先生が子どもたちをしっかりまとめあげている」という事実は多々あります。学校に必ず一人くらいは「学級づくりの名人」と呼ばれる人がいて，荒れた学級を再建するという事実も確かに存在します。そういう人を見るとやはり「授業と学級づくりには相関性がありそうだよなあ」と実感してしまいますし，結果として先ほどの「迷信」を信じてしまうのにもうなずけます。

　そこで私はこの「授業」と「学級づくり」の関係性を次のように考えます。

> 　「学級づくり」とは，「授業」をはじめとする教授行為を通じて構築されていく人間関係の総称である。

　学校という場において人間が集まり，何らかの営為をともにする時，そこには当然何らかの人間関係が発生します。それも最低1年間はほぼ同じ成員によって関係性が紡がれていくことになります。当然そこには望ましい関係もあれば望ましくない関係もあるでしょう。

　これを踏まえて，授業をはじめとする教授行為によって生じる「教師」－「子ども」，「子ども」－「子ども」の間の人間関

11

係を，意図的・計画的により望ましいものにしていく働きかけ，そのことを「学級づくり」と称することにすれば，その「概念」が少しはイメージしやすくなるのではないでしょうか。

　しかしこれでも「学級づくり」像はまだまだ曖昧です。ではどのように考えると，もっとその像はクリアになっていくでしょうか？

　そのためには教師に求められる次の3つの力量について知っておく必要があります。

---

①　教える力　　②　繋げる力　　③　育てる力

それぞれ詳しく述べていきます。

3　子どもを惹きつけてなんぼ！
　「教える力量」を身に付けよう！

　私はよく吉本新喜劇を見に行きます。1日にたくさんの芸人さんが出て漫才や芸を見せてくれます。皆さんもご存知かとは思いますが，このような劇場では芸歴の浅い人から先に登場します。前座と呼ばれる人たちから始まり，テレビでもおなじみの超有名なコンビや芸人さんは後から出てきます。特に最後の芸人さんはトリと呼ばれます。

　さて，お客さんの反応もとても正直なもので，前座の人たちが出てきてもあまりリアクションは良くないのですが，有名どころが出てくると，登場の時から拍手喝采なのですね。これは，

有名な芸人＝面白い芸を見せてくれる，という「先入観」が
あるからなのです。そう！　先入観があればお客さんは黙って
いても静かにその芸人さんに注目してじっくりと聞き入ってく
れるのです。

　授業や学級経営もまた
同じです。出会いの時か
ら「この先生，面白い！
この先生の授業分かりや
すい！」という先入観を
子どもたちに与えていれ
ば，子どもたちは教師が
前に立っただけで静かに

話を聞いてくれます。教師の授業ネタ，語り口，パフォーマン
ス，そういったもの全てが子どもたちに，良い意味でも悪い意
味でも何らかの先入観を与えることになるのですね。

　ですから教師は，子どもたちに「この先生の言うことなら聞
こう。この先生の話を聞かなければ損をするだろう」と思って
もらえるように，学級開き・授業開きの時期から意識して，子
どもたちと接していくべきだと思います。

　さて面白い授業で子どもたちを惹きつける力量の大切さを
書きました。それは，　知的で面白い授業をすることによって，
教師と子どもたちの間に強固な人間関係，しかも良い人間関係
が構築されるからです。逆につまらない授業，分からない授業，
子どもにとって価値がないと思われるような授業をした場合，

良くない人間関係が構築されます。よって教師は，子どもたちの前に立つ時，何らかの人間関係を繋ぎ続けているという意識が必要なのです。

4 子どもを繋げてなんぼ！ 「繋げる力量」を身に付けよう！

　そしてもう一つ。教師にとって大切な仕事の一つに，子ども同士を繋げるという仕事があります。授業中に発言した子，良い意見を言った子，頑張った子……。そういった子を教師が褒めるのではなく，他の子にその子のいいところを褒めさせるのです。そのような関わりを持たせることによって，子どもたちの間に良い人間関係が構築されます。これを意図的にやっていくのも授業の中の大切な仕事の一つです。

　学級というのは実体がありません。言うなれば学級は人間関係の総体だと言えるでしょう。よって学級づくりとは人間関係づくりと言い換えてもいいのです。教師は全ての教育活動を通じて，子どもたちの良い人間関係を構築しているんだという意識が必要です。

　教える力，繋げる力。この2つについて書いてきました。

　授業という営みを通じて「教える力」を発揮し，そして教師は子ども同士を「繋げる力」を発揮する。これで人間関係が構築されていく結果，「学級」というものができあがるわけです。

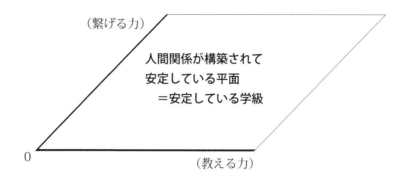

このことを図にしてみましょう。

　教える力と繋げる力の発揮によって上の図のような「平面」
ができあがります。これは「教える」ことで構築された「教師
－子ども」の人間関係と，「繋げる」ことで構築された「子ど
も－子ども」の人間関係とが安定した平面＝安定した人間関係
を完成させたことを表しています。

　この「平面」は「教える力」と「繋げる力」との積で面積が
決まります。よって「教える力」と「繋げる力」とが大きけれ
ば大きいほど平面は広くなり，学級は安定するということにな
ります。授業がうまく，子どもたち同士を繋げることのうまい
先生の学級が安定するのはこういうことなのです。

　若い先生，ベテランであっても荒れた学級を担任した先生は，
まずはこの2つの力量を発揮し，人間関係を作り上げていく
ことに腐心すべきだと思います。

5 初心者は禁止！余力があれば育てよう！ 「育てる力量」を身に付けよう！

　安定した学級を作ることができた上で，さらに余力があれば「育てる力」を発揮しましょう。「育てる」というのは簡単に言えば，「手抜きをしないで全力投球をさせる」ということです。

　良き人間関係に支えられた学級において，その学級を構成している子どもたち一人一人が高い目標に向かって自分の力を精一杯発揮する学級！　このような学級のことを「育った学級」，あるいは「学級経営がうまくできている」と言います。また俗な言い方になりますが「よく仕込まれている学級」という表現が使われることがあります。

　先ほどの安定した学級のイメージに「育てる力」を加味すると次のような直方体ができあがります。

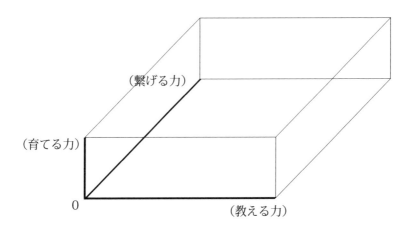

　この体積が大きいほど「育った学級」と言うことができます。

　多くの教師はこのような「育った学級」に憧れ，自分の学級もそのように変容させるために多くのエネルギーを費やしています。しかし，初心者や元は荒れていた学級を担任する場合はここまで求めない方が無難でしょう。なぜなら「育った学級にしたい！」という思いが強いあまりに，子どもたちに「無理」な指導をした結果，学級を潰してしまうという事例を散見するからです。俗に「ヤケド」と言います。

　「育てる」時には厳しい指導が必要になります。そこで厳しい指導にも子どもたちが納得して何の迷いもなく，ついてこられるような人間関係を構築することが必要になります。決して自分が人からよく見られたいとか，良い評価を受けたいというような，いわゆる「自己評価不安」に責め立てられて学級を潰してしまってはいけません。

6　山本五十六元帥の名言！
「お手本」→「トライ」→「フィードバック」

　生き恥をさらして，三十数年教師をやってきました。時間を見つけてはサークルに行き，セミナーに行き，仲間を作って学び合いました。たくさんの手法に手を出し失敗しましたし，成功もしました。そうして今の自分があるのです。

　その経験から確かに言えることがあります。それは指導の過程は，次の3つの段階に尽きるということです。それは，

① お手本	② トライ	③ フィードバック

ということです。これは真新しい考え方ではありません。旧日本海軍のトップ，山本五十六元帥（い そ ろくげんすい）の名言としてあちこちでよく引用される「やってみせ，言って聞かせて，させてみて，ほめてやらねば，人は動かじ」という格言です。

　子どもたちに力をつけたいと思ったら，まずは理想イメージを与えることが大切です。国語，算数，理科，社会，道徳そして学級づくりもみんなそうです。良いお手本をイメージさせることができなければ子どもたちは路頭に迷います。そしてそのイメージは教師の持つイメージ＝理想像に規定されます。その教師のイメージ以上に子どもたちは育たないのです。

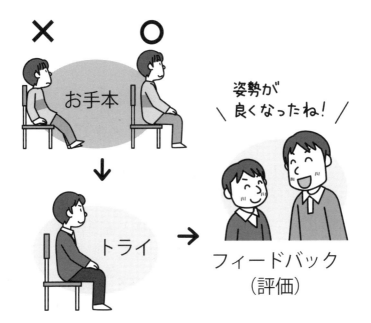

　それで学ぶ教師はセミナーに行くのです。先輩の優れた実践家の授業を見に行くのもそうです。具体的な理想イメージを教師が持つからこそ子どもは育つのです。

　では具体的にどのように指導すればいいのでしょうか？　まずお手本を示すことができなければなりません。お手本は映像でもいいでしょう。教師がお手本になってもいいでしょう。やる気のある子にやってもらってもいいでしょう。いろんなことが考えられますが，とにかくまずは「お手本」で理想のイメージを持たせることが大切です。

　次に「トライ」です。お手本を踏まえて子どもたちに実際にやらせてみるのです。最初からうまくいかなくてもいいのです。躊躇なくガンガンチャレンジさせていきましょう。

　最後に「フィードバック」です。つまり形成的評価です。今子どもたちが「トライ」した結果は良かったのか？　悪かったのか？　子どもたちが今どのくらいの到達点にいるのかということを「可視化」してあげることです。これ抜きに子どもたちの成長はありえません。

7　とにかく10年目までに 1000本のネタをゲットせよ！

　若い先生方へ。とにかく10年目までに1000本のネタをゲットしてください。すぐにでなくてもいいです。本やDVD,ネットでの映像コンテンツからいざという時に1000本取り出

せるようにしておいてください。そうすれば 10 年後確実に実践の力は上がっているはずです。

　なぜ 1000 本か？　これは教師が 1 年間に行う授業と同じ数です。1 時間に 1 つのネタで子どもたちを惹きつけることができれば，子どもたちが毎日を退屈することはないでしょう。そしてそのような教師の下で子どもたちは安心して力を発揮することができるでしょう。

　この本では，ワンランク上の学級づくり，授業に役立つネタを 35 本集めました。この他にもたくさんのネタが書店や Web にあふれています。とにかくたくさん集めて，いつでも取り出せるようしてください。

　再度言います。教師の世界は「知ってりゃ勝ち！　知らなきゃ負け！」の世界です。教育情報の弱者とならないでください。教育情報強者となることが，自分にとって，子どもにとって，ひいては，自分の家族にとって幸せな状態を生むんだということを肝に銘じてください。

第2章
ワンランク上の
学級づくり&授業ネタ

1

教師のインパクトある
自己紹介の方法

　新年度，新しい学級で子どもたちの出会いが待っています。大人でもそうですが，第一印象ってとっても大切ですね。子どもたちに「わあっ！　この先生と１年間やっていくのが楽しみ〜！」と思ってもらえるようなインパクトある自己紹介ネタを紹介します。

●・・・・・・・・・・・・・・・・・・・・● や り 方 ●・・・・・・・・・・・・・・・・・・・・●

① 　ペットボトルに７分目くらいまで水を入れておきます。そこで「みなさん！　この水は何色ですか？」と聞きます。多分「透明！」という答えが返ってくるはずですから「透明というのは色の名前ではありません。透き通り具合を言うのです」と教えます。そして「色が無いよね。それで『無色透明』って言うんだよ」と教えます。

② 　次にこのペットボトルを強く振ります。するとあっという間に赤色に変色します。ペットボトルのフタに絵の具を仕込んでおくのです。簡単な仕掛けですが子どもたちは「あっ！」と驚きます。

③ 　そこで自己紹介！　「私は手品が大好きな○○先生です。１年間楽しい時間をみなさんと過ごしていきたいです。どう

ぞよろしくね」で締めます！

④　続いて「この手品のタネが分かった人はあとで私に言いに来てくださいね！」と言っておきます。きっと何人かの子が「先生！　こうじゃない？」と話しかけに来てくれます。コミュニケーションを図るチャンスがひろがります。

★なお，手品をするにあたって次の点に注意してください。

❶　水はややぬるま湯がいいです。寒い時期にすると絵の具がなかなか溶け出さず，強く何度も振らなければなりません。

❷　転勤の挨拶でも使えるのですが，舞台や朝礼台の上で演じる場合，ペットボトルは大きめのものが見やすくていいです。また絵の具の色も赤色が一番分かりやすいです。

2 子どもたちとコミュニケーションを図る方法あれこれ

新しいクラスがスタートしたら，まずは子どもたちと仲良くなることが最優先課題と言えるでしょう。新学期初めにおすすめのミニネタです。

●・・・・・・・・・・・・・・・・・●　や　り　方　●・・・・・・・・・・・・・・・・・●

① 外で遊ぶ

何と言ってもこれ！　小学校教師の大切な「お仕事」です。やんちゃ坊主や多動な特性を持つ子はとにかく体を動かすのが大好きです。場合によっては朝一番に運動場へ直行するのもいいですね。業間休み，昼休み，下校直前，放課後はもちろん，

事情が許せば休みの日でもいいですから子どもたちと遊びまく
りましょう。

②　「中」で遊ぶ

　雨の日ももちろん室内でルールを守って遊びましょう。将棋
やけん玉，トランプなどを用意しておくといいでしょう。（学
校の規則など，実情に合わせてください。）

③　手品

　今や手品グッズは 100 均やネット通販などから容易に入手
可能です。簡単なもので OK！　マスターしたら早速教室で
「マジックショー」を開きましょう。教室で受けたら，他のク
ラスや学年の子どもたちにも見せてあげます。学校中の人気者
になった担任のことを子どもたちは誇りに思ってくれます。

④　帰り道

　事情が許せば子どもたちと一緒に帰りましょう。校区内のパ
トロールにもなり一石二鳥！　「今から校区内を巡視がてら子
どもたちの下校指導してきまーす！」と管理職に報告すれば
「ご苦労さん！」と言ってもらえ感謝されます。あとは子ども
たちとたくさんアホな話を楽しみましょう。次の日も子どもた
ちは朝から笑顔で近寄ってきてくれます。

3 始業式後に子どもたちに 仕掛けること

　ドキドキの担任発表が終わるとすぐに新しいクラスのスタートです。息つく暇もなく新教室への移動となるでしょう。もうその時点で子どもたちへの指導は始まっています。やはり人のために動くことに喜びを感じてくれる学級にしたいですね。

　そこで早速ある仕掛けをするのです。

・・・・・・・・・・・・・・・● や り 方 ●・・・・・・・・・・・・・・・

① 　教室へ移動する前に子どもたちに言います。「今から荷物を持って新しい教室に移動しますが，誰か荷物運びを手伝ってくれるかな？」

② 　こう言うと多くの場合やんちゃ坊主たちが「はい！」と名乗りを上げてくれます。そうしてその子たちにプリントや荷物を職員室などから新教室へ運んでもらうのです。

③　教室に入って配布物も渡し，いよいよ帰りの挨拶をする時に次のように言います。「今日荷物運びを手伝ってくれた子がいます。その人は立ってください。」

④　そうして続けます。「この人たちは自分の得にはならないけどクラスのために力を発揮してくれた素晴らしい人たちです。今年1年，人のために動ける力をつけていきましょうね。この人たちに拍手してあげてください。」

◎プリントの配り方を教える

　始業式は何かと配付物が多いはずです。ただ単に配るだけではもったいない。ここでもしっかりと「人として大切なこと」を指導しましょう。知る人ぞ知る有田和正先生の実践です。

　「今からプリントを配ります。渡す時はおもいやりの言葉『どうぞ』，もらう時は感謝の言葉『ありがとう』と言いましょう。プリントだけではありません。これから1年間にいろんな物の受け渡しをしますが，その度にこの言葉をかけ合いましょうね。」

　もちろんしっかりできている子を思いきり褒めてあげましょう。そして1年間「どうぞ」「ありがとう」が溢れる学級にしていくのです。始業式が勝負です！

　　　　　　　　　　　　（86ページもご参照ください。）

4 作業の終了の知らせ方

　教室の中を歩き回って多くの友達と意見交流したり，教室内を掃除したりする場面って多いですよね。多くの場合，教師が大きな声で「はいっ！　やめなさい！　席に着きなさい！」と大声で作業の中断を知らせます。

　これはこれでいいのですが，一生懸命やっている作業を大声で中断させるのもスマートではありませんね。もっといい方法があります。

●・・・・・・・・・・・・・・・・・・・◆ や り 方 ◆・・・・・・・・・・・・・・・・・・・●

① 　合図係を決めます。これは教師が指名してもいいし，立候補を募ってもいいでしょう。

② 　学級全体には「係の子が教室の前で手を挙げたら席に着きましょう」と確認しておきます。

③ 　作業を始めて，時間が来たら，教師が係の子にアイコンタクトなどで手を挙げることを促します。また，あらかじめストップウォッチを渡しておき，「3分経ったらよろしくね」とお願いしておくのもいいでしょう。

④ 　作業時間が終わり，係の子が前に立ち手を挙げると，気づいた子どもたちが次々着席していきます。全員が着席し終わ

　ったら係の子が「（気づいて着席してくれて）ありがとう」
と一声発して終わります。

⑤　教師は次の指導へスムーズに移行できます。

> 　子どもたちがすばやく着席してくれたら「早く気づい
> てくれてありがとう」と感謝の言葉をかけましょう。何
> 事も「早く気づいて行動する」ことは大切だからです。

＊これは大阪の金大竜先生の実践を参考にしたものです。金先生は教師
　が手を挙げ，子どもたちに気づかせます。私はこれを子どもに任せる
　形にしました。

5 定着させたい内容は「毎日問題」で

　学習内容が多くなり，なかなか学力を定着させることが難しくなってきています。一生懸命教えてもテストはボロボロ。こうなると教師も子どももモチベーションが下がります。

　そこで毎日少しずつのクイズ「毎日問題」で学力の定着を図っていきましょう。

●・・・・・・・・・・・・・・・・・● や り 方 ●・・・・・・・・・・・・・・・・・●

① 授業中や給食中にいきなり「クイズタイム〜〜〜〜！」とコールします。このコールを聞いたらすぐに起立するという

ルールを伝えておきます。

② 例えば「問題！　発芽の３条件は何でしょう？　分かったら座ります」のように出題します。

③ ５秒以内に考えることにしておきます。「あと３秒！　3・2・1！　終了〜〜〜〜！」で締め切ります。

④ 答えは数人を指名してもいいですし，全員で言わせてもいいでしょう。この時にパーティーグッズ「ピンポン・ブー」があると盛り上がります。

　　問題は学習内容に関わるものがいいでしょう。例えば「江戸幕府を開いた人は？」「200 ÷ 40 は？」「木偏に『目』で何と読む？」などなど。教養クイズとして「今年の夏至（げし）はいつでしょう？」「夏目漱石（なつめ そうせき）の代表的な作品を２つ挙げなさい」などでもいいですね。

　　子どもたちをクイズ好きにしましょう！　知的な学級になります！

6 経緯度の感覚を磨く ナビゲーションゲーム（3年生以上）

　5年生の教科書に「経度と緯度」が学習内容として出てきますが，非常に扱いが「軽い」です。さっと読んで終わり，下手をすれば扱わずに終わることもありえます。大人もそうですが，経度，緯度の感覚はほとんど身に付いていないと言っていいでしょう。

　そこで毎日の「トレーニング」で経緯度の感覚を磨きましょう。

●⋯⋯⋯⋯⋯⋯⋯⋯● やり方 ●⋯⋯⋯⋯⋯⋯⋯⋯●

① 　経緯度の説明を一通り終えたら「東京の経度は東経139度，北緯35度です。地図帳で確認してみましょう」と言って確認させます。

② 　「では地図帳を閉じてください。奈良市の経度と緯度はどれくらいだと思いますか。ノートに書きましょう」と言って答えを書かせます。

③ 　答えをいくつか発表させます。あまり細かいと面倒なので，正答に近いものをいくつか板書します。例えば次ページのようにです。

④ 　次のように2択，3択クイズ風に答えを集約していきます。

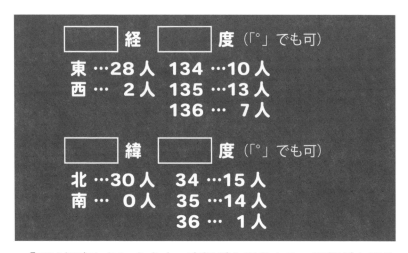

「では経度からいきます。東経だと思う人？　西経だと思う
人？　（人数確認して板書）次に度数いきます。134度だと
思う人？　135度？　136度？　（人数確認して板書）」同様
に緯度も行います。

⑤　「正解は……。東経135.4度。北緯34.4度。小数第1位で
四捨五入しましょう。最終的に……」と言って正答を板書し
ます。

奈良市　東経135度，北緯34度

「ノートに書いておきましょう」で終わります。基本的に
1日1問で打ち切ります。

⑥　この後，日本の県庁所在地や主要都市，世界の首都と範囲
を拡げていきます。「西経や南緯の感覚」も身に付けること
ができます。数時間ごとの台風の位置情報を伝えて台風の進
路を予想するのもいいでしょう。

7 国語の授業開きは運動場で

　4月，日差しの柔らかい，桜舞い散る校庭で国語の授業開きをしましょう。きっといい思い出になるはずです。

●・・・・・・・・・・・・・・・・・● や り 方 ●・・・・・・・・・・・・・・・・・●

① 「朝礼台の前に国語の教科書を持って整列！」と指示します。

② 多くの国語の教科書は裏表紙に，春にぴったりの詩が掲載されています。この教材を使って次のようなバージョンで音読をさせます。

> **バージョン❶** 教師を中心に半径5〜6mに集合させて，音読。
>
> 　指示→「先生から5歩離れてこちらを向きなさい。」
>
> **バージョン❷** 教師を中心に半径10mほどに集合させて，音読。
>
> 　指示→「先生から10歩離れなさい。」
>
> **バージョン❸** 鉄棒の前にならんで音読。
>
> 　指示→「鉄棒の前にならんでこちらを向きなさい。」

バージョン❹　ジャングルジムを取り囲み音読。教師はジャングルジムの上に登って聞く。

指示→「ジャングルジムの周りを取り囲みなさい。」

バージョン❺　**バージョン❹**の逆。ジャングルジムの上で音読。教師は下で聞く。

指示→「ジャングルジムに登りなさい。」

③ **バージョン❺**が終わったら，そのまま最後に記念写真をパチリ！　あとで，子どもたちに配ってあげます。

8 休み明けは豪華景品付き ビンゴ大会でスタート！

　休み明けの教師も子どももダルい時期には，楽しいビンゴ大会で楽しい気分になりましょう！

●● や り 方 ●●

① 　長期休みの間に色んな景品を用意しておきます。旅行先のパンフレットや乗り物の切符，カレンダー，しおり，ティッシュ……。なんでもいいでしょう。人数分用意します。

② 　簡単なビンゴカードを人数分用意します。9マスでも16マスでもいいでしょう。30人学級なら1〜30までの好きな数字を好きなマスに記入させます。

③ 　100均のビンゴマシーンを使ってもいいですし，1〜30の数字を書いた割り箸やカードを手づくりしてもいいです。

【ビンゴカード・16マス】

数字を 1 つずつ引いていきます。

④　あと 1 つで 1 列完成の時は「リーチ！」と言って起立させます。

⑤　完成したら「ビンゴ！」と言って好きな景品を 1 つ選ばせます。景品が人数より多い時は，ビンゴした子は続けてチャレンジできます。

　クラスの雰囲気を一気に盛り上げて流れをつくることで，子どもたちの集中力が高まり，スムーズに次の活動へと繋げることができます。

9 総まとめ漢字テスト
—抜き打ちでクラス平均80点以上をマークさせる方法—

　学期末，総まとめ漢字テストを抜き打ちで行うと点数が
ボロボロという悲しい体験をしたことはありませんか？
なぜでしょうか？　それは子どもたちの語彙が少ないから
です。毎日次のような課題を授業中や宿題でやらせます。

● や り 方 ●

① 　漢字ドリルの漢字と熟語の読みをはっきり音読させます。
② 　ノートに熟語と読みを書かせます。
③ 　課題をチェックしたら小テストを行います。アトランダム
　に５問出します。

④　これを毎日続けます。学期間で3〜4回繰り返します。

⑤　これで総まとめ漢字テストの平均は80点を超えるはずです。

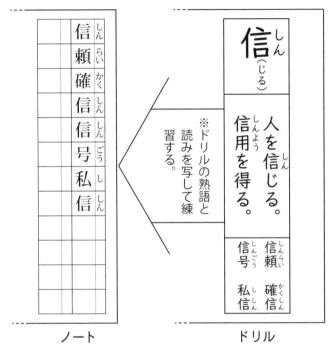

ノート　　　　　　　　　　　　　　　ドリル

★この指導は従来と何が違うのでしょうか？

　例えば「益」という字の学習で「利益」という熟語を10回ずつ書かせても，テストで「えき鳥を保護する」の「えき」を漢字に直すことはできません。「駅」とか「液」とかが関の山です。大切なことは「益」を含む熟語をいくつ知っているか？　そしてそれをいかにして定着させる指導をするかなのです。

10 毎日が避難訓練です

　1月17日（阪神淡路大震災），3月11日（東日本大震災）という日を基準に避難訓練を行う学校が多いと思います。

　復興地石巻を訪れた際に，当時危機一髪子どもたちを全員避難させることができた先生から次のような言葉を聞きました。

　「避難訓練の後，よく『今日の避難訓練は60点でした』などという講評を聞いたことがあると思います。でも今は次のように思うのです。避難訓練に60点も70点もない。あるのは0点か100点だけです。子どもが1人でも命を失ったり怪我をしたりする可能性のある訓練だったらそれは0点なんです。子どもを無事に保護者のもとに帰す。これ以上に大切な仕事はないと震災の時に思いました」と。

　それからは，私は毎日を避難訓練にしました。次のようにするのです。

●やり方●

①　専科の授業や体育の際に「教室から他の場所へ移動する時は毎回避難訓練と心得なさい」と，ことあるごとに指導しておきます。

②　授業開始のチャイムとともに日直が「訓練。体育館へ避難！」と号令をかけ，全員で「はい！」と返事して速やかに整列し移動します。この時，当然「**お**（さない）・**は**（しらない）・**し**（ゃべらない）・**も**（どらない）」を守らせます。守れていなければ教室に戻りやり直しをさせます。

③　移動先へ着いたら所定の位置へすばやく座り，最前列の子が人数を数えて「男子 17 名，女子 17 名，全員無事です」と先生のところへ報告に来ます。（専科の授業などの場合は移動先の教室までついていって外から全員が席に着くのを確認します。専科の先生にも人数確認させることを伝えておくと協力してもらえるでしょう。）

　こうすればほぼ毎日避難訓練ができます。想定外の大災害の時に役立つのはこうした日常化した訓練だそうです。1年間を通じて行いたいことですね。

11 三角（体育）座りの意味を教える

　体育の授業などで三角（体育）座りをさせることがあります。この姿勢をとらせることには賛否ありますが，もしやらせるのなら，しっかりその意味を教えましょう。

● や り 方 ●

① 次のように話します。
　「三角座りは砂いじりや手遊びをするためにするのではありません。2つの意味があります。1つ目は，お話している人に『この子はしっかり私の話を聞いてくれている』と思ってもらえるからです。2つ目は，運動場などの広い場所で人の話を聞く時に便利だからです。この座り方をしておけば，例えばお話をしている人が前や後ろ，真ん中など，どの場所にいてもおしりの骨を支点にどこでも自由に方向を変えることができます。」

② 「では先生が今からあちこち動きますから，どこで止まってお話をしてもすぐに聞けるように方向を変えてみてください」と言って実際に方向転換させてみます。

③ 次に「では先生が次に簡単なお話をします。話す人が『しっかり聞いてくれてるな』と思ってもらえるような態度をと

ってみてください」と言って，すばやく方向転換させた後に
簡単なスピーチをしてみます。できれば数人の子どもたちに
もスピーチさせてみるといいでしょう。

④　その後，スピーチした子に「話してみてどうでしたか？」
と感想を聞いてみるといいでしょう。

12 生き方を教える名言集

　言葉には人生を変える力があります。言葉一つで人間は心が変わり，行動を変えることができると言います。例えばこんな方法はどうでしょう。

●・・・・・・・・・・・・・・・・・・・・・・・・・● や り 方 ●・・・・・・・・・・・・・・・・・・●

① 　2007年に放送されたドラマ「バンビ〜ノ！」（日本テレビ）には次のような名言が出てきます。

> 「相手の笑顔を意識して行動する。それが愛だよ。」

　できればドラマのこの言葉が出てくるシーンを見せるといいでしょう。

② 　そこで，この言葉の持つ意味と子どもたちに望む「理想像」について子どもたちと考えます。例えば「給食の準備の時，どんな配膳をしてもらったら笑顔になりますか？」と聞いてみます。「お皿やお椀の置かれている位置が食べやすいようになっている時」とか「スプーンの向きが左利き用に置かれていた時」などの意見が出されるといいですね。

③ 　このような名言は書籍やWEBなどでたくさん入手できます。クラスの実態にあったものを教師が選んで，「どんな時

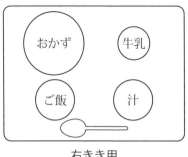

右きき用

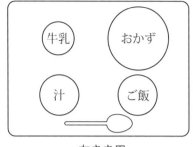

左きき用

にどんな風に行動したらいい？」などと考えさえるといいで
しょう。

④　この「バンビ〜ノ！」名言集には次のようなものがありま
す。

> ■「**後輩から『あんな先輩になりたい』って思われる
> ようにならなきゃ。**」→縦割り活動や下学年との交流
> 会の事前指導の際に使えます。
> ■「**ここ（厨房）はエンジンだ。お前が止まれば全部
> 止まる。**」→給食や掃除当番の仕事を指導する時に使
> えます。
> ■「**今の仕事に一生懸命になれない者に将来を語る資
> 格はない。**」→宿題忘れや当番サボリなどが目立って
> きた時に使えます。

　つまりは名言と自分たちの生活とを結びつけていくのです。
これも大切な「道徳」の学習です。

13 床拭きの意味を教える

　子どもたちに床拭きを任せておくと，ただ単に濡れた雑巾で床を濡らしているだけというシーンを見受けます。これは子どもが悪いのではありません。しっかり床拭きの意味を教えない教師が悪いのです。床拭きの意味を教えるネタです。

●やり方●

① 　バケツに絵の具を少し溶いて色水を作ります。緑や黒などがいいでしょう。

② 　その色水を床にまきます。子どもたちは「ええっ」と驚くでしょう。

③ 　「今からこの床を綺麗にします」と言って雑巾で拭き取っていきます。この時，雑巾を洗わずに色水を広げていきます。まったく色水は床からなくならないことに気付くはずです。

④ 　「どうしたらこの色水を床からなくすことができますか？」と聞きます。「綺麗な水でゆすいで絞る」というのが答えです。

⑤ 　ゆすいで絞ることを数回繰り返しているとバケツの水がだんだん色水に変わってきます。この水を見せて，「床拭きと

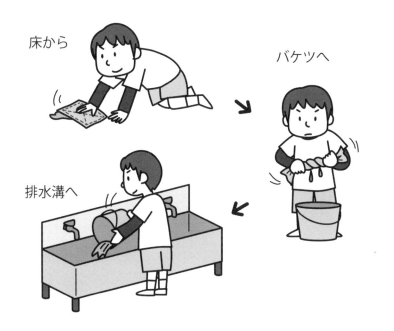

床から　　バケツへ　　排水溝へ

　いうのはね，このように床にある汚れをバケツの水に移すこ
となんだよ」と説明します。

⑥　「バケツの水も汚れてきましたね。このままではせっかく
　綺麗になった床がまた汚れます。どうしたらいいですか？」
　と聞きます。そうして「バケツの水は汚れたら換えないとい
　けない」ことも教えるのです。

　　床拭きは「水の力で汚れを床からバケツに，そして排
　水溝に移すこと」を教えると子どもたちの掃除中の動作
　も変わってきます。

14 些細なことに全力を尽くせ！全ては繋がっている！

　挨拶や返事など，人間として当たり前のことをおろそかにする子どもが多いそうです。例えば，地域の野球やサッカーのチームに属して練習は頑張るけど，学校での生活はいい加減といった子を散見します。そのような子に対して有効なネタです。

● や り 方 ●

① 「手のひらを開いて全ての指に力を入れてごらんなさい」と言って全力で「パー」を作らせます。
② 一人の子どもの「パー」を見本に次のように言います。「この中指の力だけ抜いてごらん。何か気づかない？」そうすると中指だけでなく，他の指の力も抜けていくのに気がつきます。
③ 続けて次のように話します。「いいですか。この中指は例えば挨拶です。これをおろそかにすると別の指である『スポーツ』や『勉強』の力も抜けてきます。ある一つのことを頑張りたいのなら，この中指にあたる『挨拶』のような一見些細なことにも全力を尽くしなさい。全ては繋がっているのです。スポーツの強豪校の選手に礼儀正しい人が多いのもうな

ずけるでしょ！」

④　逆にだらんと力を抜けさせた「パー」の中指を指し，「この１本の指だけに力を入れてごらん」と言ってやらせてみます。今度は「パー」全体に力がみなぎるのに気づくでしょう。

⑤　「何かうまくなりたいことがあったらまずは挨拶から始めるといいですね」と言って話を締めくくります。

15 「成功」の反対語は？

　失敗を恐れてなかなかチャレンジしない子が多いと，クラスの雰囲気が暗くなりますね。そんな時，次のような話をしましょう。

●・・・・・・・・・・・・・・・・・・・・● や り 方 ●・・・・・・・・・・・・・・・・・・・・●

① 「『成功』の反対語は何ですか？」と聞きます。多くの子どもたちは「失敗」と答えるでしょう。そこで次のようなイラストを描いて説明します。

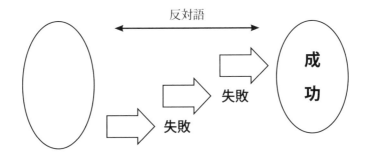

② 「実は『成功』の反対は『失敗』ではないのです。何か分かるかな？」と聞きます。いろんな意見を出させます。
③ 一通り意見が出たら正解をイラストの中に書き入れます。正解は「何もしない」なのです。

④　次のように話します。「何もしなければ失敗はしません。
　しかし永久に成功はしません。勇気を持って一歩踏み出せば，
　必ず失敗します。そうして『次はこうしよう！』と工夫して
　また失敗します。それを繰り返して最後に『成功』にたどり
　着けるのです。さあ，失敗を恐れずに『成功』を目指して行
　動していきましょう！」

16 卒業式の意義を教える

　多くの現場では，卒業式の指導に苦労されているという話を聞きます。一方でビシッと締まった素晴らしい式があることも聞きます。

　その差はどこから生まれるのでしょうか？　要因の１つは何と言っても子どもたちの自覚の差だと考えられます。

●・・・・・・・・・・・・・・・●　や り 方　●・・・・・・・・・・・・・・・●

① 　卒業生には次のように問います。「卒業式は行わねばならないと思いますか？」子どもたちは「ええっ？」という顔をしています。

② 　続けて話します。「法律では，『校長は，小学校の全課程を修了したと認めた者には，卒業証書を授与しなければならない』とはありますが，『卒業式を挙行しなければならない』とは一切明記されていないのです。（結婚をしても必ずしも披露宴をしなくてもいいのと同様にです。）だから，校長先生から教室で手渡していただいてもいいし，郵送でもいいのです。それでみなさんは『立派に』卒業できます。」

③ 「ではなぜ先生方や保護者，地域の代表者，教育委員会をお招きしてわざわざ卒業式を行うのでしょうか？」ここでま

た考えさせます。

④　いくつかの意見を聞いたら次のように言います。「それは『自分を支えてくださったおかげでここまで力がつきました』という姿を感謝の意味をこめて披露するためなのです。卒業生のみなさんが，『入場』『起立』『礼』『着席』『返事』『証書授与』『校歌斉唱』『答辞』などの活動を通じて，支えてくださった方々に感謝の心を表す会なのです。さあ，みなさんはどんな姿を見せるべきなのでしょうか？」

⑤　このように話した後に「卒業生が見せるべき姿」を子どもたちの方から出させ，全員で共有します。このような事前指導を行うだけで，練習も本番も変わってくるものです。

1 自己紹介すごろく

　新学期はこのすごろくで楽しみながら自己紹介しましょう。止まったマスに書いてある質問に答えながら進んでいきます。

●・・・・・・・・・・・・・・・・・・●　や　り　方　●・・・・・・・・・・・・・・・・・・●

① 　六角鉛筆に1〜6の番号を打ちます。これで「鉛筆サイコロ」の完成です。（サイコロがあるとバッチリです。）

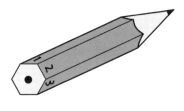

② 　2人ペアになります。すごろくのスタート位置に駒（消しゴムなど）を置きます。

③ 　じゃんけんをします。勝った方（先攻）から鉛筆サイコロを振ります。出た目だけ進み，止まったマスに書いてある事柄について相手に自己紹介します。

④ 　次に負けた方（後攻）も同じように駒を進めていきます。

⑤ 　時間は3〜5分程度がいいでしょう。終わったらペアを変えてやっていきます。

		この世で一番怖いものは？	好きな動物は？	1000万円あったらどうする？
スタート		尊敬する人は？		将来の夢は？
何人家族？		得意な教科は？		好きなアニメ・マンガは？
好きなテレビ番組は？		苦手な教科は？		タコヤキとお好み焼きどっちが好き？
趣味は？		好きな色は？		昨日の晩ごはんは何だった？
1つ戻る		何座？		得意技は？
ペットはいる？				
好きな食べ物は？	誕生日は？	2つ進む		**ゴール**

繋げるミニネタ

2 協力のカウントダウンゲーム

　　子どもたちに「協力」「譲り合い」について考えてほし
い時に実施するといいでしょう。

●────────● や り 方 ●────────●

①　次のように話します。「今から協力（または譲り合い）の
　　勉強をします。（学級の人数が 30 名の場合）1 〜 30 で好き
　　な番号を決めてください。」

②　次に全員机に顔を伏せます。先生が「スタート！」と言っ
　　たら，1（と決めた人）から順番に自分の決めた番号を言っ
　　ていきます。

③　その時に同じ数字を 2 人以上が同時に言ってしまったら
　　（つまりかぶったら）1 からやり直しになります。

④　1 つの数字を 1 人だけが順に言っていき，30 までいけた
　　ら大成功です。

⑤　ゲームの途中で決めた数字を変えても構いません。

⑥　以上のようにルール説明してスタートします。最初はなか
　　なかうまくいきません。でも何度か失敗を繰り返すうちに，
　　だんだん記録は伸びていきます。

⑦　途中で「何か気づいたことはありませんか？」などと聞い

てみてもいいでしょう。

⑧　最後は「みんなが言いたいことを好き放題に言っていては
　　ダメだ」ということに気づくはずです。子どもたちの譲り合
　　いの末に達成感が得られる体験ができます。

3　傾聴トレーニング

話の聞き方を指導します。

●・・・・・・・・・・・・・・・・・・・・・・・・・● や り 方 ●・・・・・・・・・・・・・・・・・・・・・・・・●

① 　メンタルの強そうな1人の子を選びます。「ちょっと辛い目に遭うかもだけど大丈夫ですか？」と聞いて笑顔で「いいよ！」と言ってくれる子にします。仮にA君とします。

② 　「今からA君に自己紹介を
2回してもらいます。まず1
回目はA君を無視しておし
ゃべりやよそ見などをしな
がら聞いてください。では
A君お願いします」と言っ
てA君に自己紹介をしても
らいます。

③ 　数十秒で打ち切ります。ここでA君に「無視された感想」を聞きます。「腹が立った。悲しかった」などの感想が出されるでしょう。

④ 　無視していた聴衆からも感想を聞きます。「やっぱり話している人がいるのに無視するのは気持ちが良くない」という

感想が出るでしょう。

⑤ 「次に2回目をやって
　もらいます。今度はA君
　の方を見て，優しく，時
　にうなずくなどのいい反
　応をしながら聞いてあげ
　てください。ではA君，
　2回目をどうぞ！」でA
　君に振ります。

⑥ 　今度は気持ちよく最後までやってもらいます。

⑦ 　終わって再度感想を聞きます。今度はA君，聴衆とも「気
　持ちよかった。嬉しかった」という感想が出るはずです。

⑧ 「このように話を聞く時は話をしている人が『話してよか
　った！　嬉しかった！』と思ってもらえるように聞きましょ
　うね。では今日，前で勇気を持って自己紹介をしてくれたA
　君に拍手〜！」とA君のフォローをして終えます。このあと
　ペアで話し手，聞き手に分けてトレーニングさせてもいいで
　しょう。

4 発言は中央を向いて

　発言は相手に対するプレゼントです。誰に対して，どのように話すのかを，年度初めにしっかり指導しておきましょう。年間を通じて貫徹していくことになる重要な学習習慣です。

━━━━━━━━━━● や り 方 ●━━━━━━━━━━

① 「2分間で『シュウ』という読みの漢字をできるだけたくさんノートに書きなさい」と指示します。

② 2分経ったら鉛筆を置かせて何個書けたか聞きます。おそらく多くの子が10個以下のはずです。

③ 次に「隣の人と答えを『盗み合い』ます。自分が考えつかなかった漢字を全てメモしなさい。終わったら自由に立ち歩いてできるだけたくさんの漢字をゲットしなさい。時間は5分です」と指示します。

④ 時間が来たら着席させます。そして「今からノートに書いてある漢字を出し合います。1人1個ずつ発表していきます。全部出尽くしたら座りましょう」「全員起立！」と指示し，発表させます。

⑤ この時に次のように言います。「この答えは誰が聞きたい

のですか？ そう，クラス全員ですよね。全員がみなさん1人ひとりの答えをほしがっているのです。どこを向いたらいいですか？」

⑥ ここで教師は教室の中央部あたりに行って「ここに集音マイクがぶらさがっていると考えて発言しなさい」とアドバイスします。そうして答えが全て出尽くすまで発表を続けていきます。

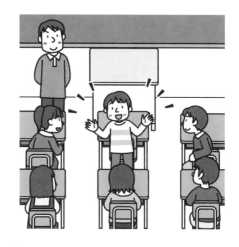

⑦ その後再び「2分間で『シュウ』という読みの漢字をできるだけたくさんノートに書きなさい」と指示します。2分経ったら書けた個数を数えさせます。今度は1回目よりもたくさん書けるはずです。「1回目よりも1個でも伸びた子？」と聞きましょう。全員の手が挙がるはずです。

⑧ 「このようにみんなで答えを出し合うとクラス全員が賢くなれますね。発言は友達を賢くするプレゼントです。だから発言する時はプレゼントしたい人の方を向きましょう。全員に伝えたい時は教室の中央を向くのです」と言って締めくくります。以後，折に触れて発言する時の方向について話すといいでしょう。

5 協力して難読漢字を読もう

　前項と同じく，「自分が賢くなったのは友達のおかげ
だ！」という成功体験を味わわせるネタです。

●　やり方　●

① 　次のページのワークシートを半分に折って2回使います。

② 　まず最初に「漢字テストをします」と言って第1回目を
　行います。まずほとんど読めないはずです。

③ 　答え合わせをします。答えを解答欄に記入させていきます。

④ 　2人ペアになります。じゃんけんで先攻後攻を決めます。

⑤ 　勝ったほうから，1番から漢字を読んでいきます。最高3
　つまで，最低でも1つは読みます。これを交互に繰り返し
　ていきます。

⑥ 　最後の問題を読んだほうが負けになります。

⑦ 　これを10分間でできるだけたくさんの友達と繰り返しま
　す。

⑧ 　時間が来たら着席させ，漢字テストの2回目を行います。
　再度答え合わせをします。きっと点数は1回目より伸びて
　いるはずです。「1回目より1点でも伸びた人？」と聞くと
　ほぼ全員が挙手するはずです。

⑨　最後に聞きます。「なぜみなさんはわずか 10 分くらいで難しい漢字を読む力が数倍も伸びたのですか？」すると「友達と楽しんで，繰り返し漢字を読んだから」という答えが出るはずです。

⑩　「そうですね。友達と楽しんで勉強するとあっという間に賢くなるのですね。自分のことを賢くしてくれる友達のことを大切にしようね！」と締めくくります。

繋げるミニネタ

難読漢字テスト

1	亜米利加	（　ア メ リ カ　）
2	英吉利	（　イ ギ リ ス　）
3	仏蘭西	（　フ ラ ン ス　）
4	独逸	（　ド　イ　ツ　）
5	埃及	（　エ ジ プ ト　）
6	宇柳具	（　ウルグアイ　）
7	希臘	（　ギ リ シ ャ　）
8	幾内亜	（　ギ ニ ア　）
9	業平	（　ジ ャ パ ン　）
10	瑞西	（　ス イ ス　）
11	蘇丹	（　ス ー ダ ン　）
12	丁抹	（　デンマーク　）
13	秘露	（　ペ ル ー　）
14	諾威	（　ノルウェー　）
15	泥婆羅	（　ネ パ ー ル　）
16	新西蘭	（　ニュージーランド　）
17	勃牙利	（　ブルガリア　）
18	委内瑞拉	（　ベネズエラ　）
19	葡萄牙	（　ポルトガル　）
20	利比亜	（　リ ビ ア　）
21	羅馬尼亜	（　ルーマニア　）

点

仲間と学ぶ意義を教える

**　自分以外の友達のおかげで力を伸ばせたという実感を持たせます。授業開きや学期はじめなどの時期に有効です。**

●・・・・・・・・・・・・・・●　や　り　方　●・・・・・・・・・・・・・・●

① 　封筒の中に数字を書いて入れておきます。（ここでは「123」にしておきます。）

② 　「この封筒の中の数字を当ててもらいます」というと子どもたちからは「ええっ！」「分かるはずないよ！」「数は無限だよ！」などという声が上がるでしょう。

③ 　「しかし，これが分かるのです！」と言って近くの子を指名します。

④ 　「いくつだと思う？」すると「47」などと答えるでしょう。そこでヒントを出していきます。「もっと上！」という具合に。次に「895」と答えたら「もっと下！」などと次々ヒントを出していきます。

⑤ 　数分後には「123」が出ることでしょう。

⑥ 　ここで次のように聞きます。「なぜみなさんはわずか数分で答えを出せたのですか？」すると「友達の言う答えを聞いた」「先生のヒントを聞いた」「間違えた」などの答えが出る

でしょう。子どもたちの答えを順に板書していきます。

⑦ 「このように一人では難しそうな問題でも『どんどん間違
　えて』『友達の言うことを聞き』『先生の話を聞』けば解くこ
　とができるのですね。このようにしていろいろな問題の答え
　を考え，出し合っていくのが授業なのです。友達を大切にし
　て今年1年間頑張っていきましょうね！」と締めくくります。

1 部屋の出入りには 必ず挨拶をさせよう

　部屋の出入りでの挨拶を習慣づけることは，他教室，職員室など同じ学校内のみならず，友達の家や他の施設などでの入退室の際の礼節に繋がっていきます。ぜひ指導しておきましょう。

・・・・・・・・・・・・・●　や り 方　●・・・・・・・・・・・・・

① 　新学期の教室で次のように話します。「教室を見渡して何か気づいた人はいますか？」ほとんどの子どもには分からない難問です。

② 　「休みの間，学校中の先生や校務員さん，工事関係の人たちが教室を見回ったり，工事や修理をしてくださったおかげで，みなさんは新学期を迎えることができたのです。新しい教科書やドリルやテストも届いていますね。たくさんの人が準備をしてくださったおかげで，みなさんは無事に今日を迎えられたのです。知っていましたか？」子どもたちの多くは気づいていないはずです。

③ 　「そのような教室に入退室する時，どのようにするといいですか？」と聞きます。子どもたちから「お礼を言う」という答えが出ればしめたものです。出なければ教えればいいの

です。

④　「今ここにはおられませんが，お世話になった人たちへの
　　感謝の気持ちを表すために，入退室のお手本を見せられる人
　　はいますか？」と言って元気のいい子にお手本の一礼をやっ
　　てもらうといいでしょう。

⑤　お手本をしてくれる子がいたら大いにほめて，「これを教
　　室だけでなく，他の教室や職員室はもちろん，自分や友達の
　　お家でもできるようになったら素晴らしいですね。さっそく
　　今日から始めましょう」と締めくくります。出入り口に「一
　　礼」と書いて貼っておくといいでしょう。

2 起立は「耳」でなく「目」で立て！

儀式的行事（特に入学式や卒業式など）で「起立！」の動作を指導する時に有効なネタです。

● や り 方 ●

① 子どもたちに問います。「みなさんは『起立』をする時に何を合図にして立ちますか？」

② 「先生の号令（を聞いて）」という答えがほとんどでしょう。

③ 「違います。声で反応するとどうしても後ろの人は遅くなります。そこで号令を出す先生の口に注目するのです。ここ

ビシッ！

っ

きりつ！

で問題です。号令を出す先生の口が『き』『り』『つ』のどの時に立てばいいですか？」答えは「つ」であることを教えます。

④　「ではやってみましょう。そろそろ『起立』の号令がかかるなと思ったら先生の口に注目だよ！」そう言って「きりつ！」と何回か練習をします。

⑤　これですばやく，しかもそろって起立できるようになります。

　号令の声，つまり「音」で反応させるとどうしても前と後ろとで時間差が0.数秒ほど生じます。口で見る，つまり「光」で反応させるとほとんど時間差は生まれません。音速と光速の差を意識した指導法です。

育てるミニネタ

3 子どもの音読の声を 大きくさせる方法

　国語の教科書をペアで練習させることがあります。交代で「。」までの一文を読んでいくのですが，普通はお互いにすぐ横で音読します。ペア同士の距離は数十㎝といったところでしょう。これでは大して大きな声でなくても相手に聞こえてしまうので，いつまでたっても大きな声を出す練習はできません。

　そこで次のような工夫をします。

━━━━━━━●　や　り　方　●━━━━━━━

①　起立したらお互いに向き合って1mほど離れる

　こうすると小さな声では，横のペアの声に邪魔されるのでうまく聞こえない状況になります。自然に大きな声を出して交代で読むようになります。つまり，ペアの距離を広げることで伝え合う声の大きさを大きくしていくのです。

　この他に次のようなバージョンも取り入れます。

②　教室の端と端

③　廊下の端と端

④　体育館の端と端

⑤　運動場の端と端

　それぞれかなり大きな声が飛び交いますので，他のクラスの邪魔にならないように留意しましょう。
　また，コロナ対策が必要とされる状況では，行わないほうがいいでしょう。

育てるミニネタ

4 校歌を学年全員で大きな声で歌わせる方法 —卒業式の指導—

　儀式的行事などで，校歌斉唱の際の声量が小さくなってしまうことがあります。原因は指導者が子どもたちの「手抜き」を許しているからです。このような時は「手抜き」が許されない状況に子どもたちを「追い込む」ことが大切です。

●・・・・・・・・・・・・・・・・・・・・● や り 方 ●・・・・・・・・・・・・・・・・・・・・●

①　事前にクラスでハートの強い「やんちゃ君」数名に「卒業式の練習の際に，みんなの前で一人で大きな声で校歌を歌ってくれるかい？」とお願いしておきます。

②　校歌の指導を始める前に子どもたち全員の前で，「誰か一人で校歌を歌える人はいますか？」と聞きます。あらかじめお願いしていた子を（「仕込み」を周囲に悟られないように）指名します。

③　出だしだけでもいいので歌ってもらいます。「素晴らしい！拍手〜！」と全員で讃えます。これを数人繰り返します。

④　「次はクラスごとに勝負です！」と言ってクラスごとに歌わせていきます。100点満点で採点していきます。

⑤　最後は全員で出だしを歌います。かなり大きな声になって

いるはずです。その後音楽担当の先生にバトンタッチします。

　子どもたちは「手抜き」しようと思ってやっているのではありません。「手抜き」をしてしまう状況の中で「自然に」そうなってしまっているのです。

　ですから，「個人」→「クラス」→「学年全体」という具合に，指導する対象の人数規模を変えてテンポ良く声出しをさせていきます。規模を変えていくことで「自分たちは評価されている」という意識が働き，「手抜き」しにくくなります。

　このネタもコロナ対策をしなければならない状況を鑑み，行うかどうかを検討してください。

5 子どもたちに理想のイメージを持たせる方法

　学級経営も折り返し地点を過ぎたら，ここからは加速的に子どもたちを鍛えていきたいですね。

　そこで，学級の子どもたちの中に「いい行動だなあ！」と思った姿を見付けたら，写真に撮って掲示しましょう。これだけで多くの子どもたちの行動が変わります。

　できるだけ学級中の子どもたち全員が写るように配慮するとよりいいでしょう。

● や り 方 ●

　教師はデジカメなどを携帯しておき，次のような姿を見付けたら写しておきます。もしそのような姿が見られない時は「誰かお手本を見せることができますか？」などと聞いてみて，そのお手本の姿を写すといいでしょう。

①　掃除を一生懸命やっている姿

ほうきで掃いているところ，雑巾で拭いているところ，机を運んでいるところなど。

②　給食の準備や片づけをしている姿

食器をすばやく運んでいるところ，スムーズにおかずやご飯を食器によそっているところなど。

③　給食の配膳をしている姿

友達の分のおかずやご飯を運んでいるところ，配膳を整えているところなど。

④　提出物などを整頓してくれている姿

⑤　礼儀正しく挨拶している姿

⑥　丁重に物の受け渡しをしている姿

これらの「広まってほしい姿」はできるだけ早くプリントアウトして，教室内に掲示しておきます。その写真のタイトルには，例えば「素晴らしい掃除！」などと書いておけば，「そうか！　こんな風に行動することが大切なんだ！」と教えることになります。そのような行動をとれる子が増えていきます。

数週間〜１ヵ月に１回は掲示を張り替えていきましょう。

これらの教師の働きかけは子どもたちにとって大切で有効なフィードバックとなります。

6 給食の準備を 10 分以内に 終わらせる方法

　大抵給食の準備は 15 〜 20 分かかるようです。多くの場合，当番が配膳したものを並んで自分の分だけ取っていくという「カフェテリア方式」のようです。しかし，この方式よりもはるかに時間を短縮できる方法があります。「クラス全員配膳方式」です。次のようにするのです。

●・・・・・・・・・・・・・・・・・・・・● や　り　方 ●・・・・・・・・・・・・・・・・・・・・●

① 　クラスを次の 3 つの役割に分けます。

> 「キッチン」… 配膳台の前でエプロンを着ておかずやごはんをお碗やお皿によそいます。
>
> 「ホール」　… よそわれたおかずやごはんを友達の机に運びます。
>
> 「テーブル」…「ホール」さんが運んできてくれたお碗やお皿を綺麗にお盆の上に配置します。

② 　手洗いさせた後にそれぞれの業務に就かせます。つまり自分の分だけでなく，友達の分をやってあげるのです。

③ 　準備が終わりかけたら，気付いた人で食器カゴやゴミ箱など，食べ終わった後に食器などの返却がしやすいように準備

テーブル　キッチン　ホール

をします。

④　その後全員着席します。たったこれだけですが，おそらく
10 分以内で準備は終われるはずです。

⑤　時間を計っておき，「今日は10 分を切りましたね！ なぜこ
んなに早く準備が終わったと思いますか？」と問います。きっ
と「みんなで協力したから」という答えが出されるはずです。

⑥　「そうですね。自分のことだけを考えているよりも，みん
なが友達のことを考えて行動する方が早く終われて，その分
楽しく過ごせますね！　協力ってすごいでしょ!?」と「成功
を可視化」します。給食のたびにクラスの団結力は深まって
いきます。

　各校における給食時のコロナ対策に合わせて無理のな
い範囲で行ってください。

7 給食の準備を教師1人でやる

　給食の準備の時間を短縮するには教師の気合いを見せましょう。教師が1人で準備をしてしまうのです。スープやパンの献立など，できるだけメニューが簡単な日がいいですね。

●・・・・・・・・・・・・・・・● や り 方 ●・・・・・・・・・・・・・・・●

①　子どもたちに次のように宣言します。「今日は先生が給食の準備を1人でやります。誰か時間を計ってくださいね。1人で10分以内でできたら褒めてちょうだいね！」

②　計時係の子を決めます。そうして教師1人で準備を開始します。ここで配膳の手際の良さを見せます。（給食台の上に皿を一気に並べてそこにおかずを入れていく，配膳用手袋を使う，お盆を先に子どもたちの机上に置いて牛乳やスプーンやジャムなどを先に置いていくなど。）

③　終わったらタイムを発表してもらいます。大人が真剣にやれば10分程度でできるはずです。

④　ここで子どもたちに「私の準備の仕方を見て何か気付いた人はいますか？」と聞きます。先ほど見せた「手際」の中からいくつか出てくると「デモンストレーション」成功ですね。

⑤　「では明日は当番のみなさん 5 名がやってくれます。先生
　　に勝てるかな？　頑張ってね！」と言って指導を終わります。

8 早く支度をさせて帰らせる方法

　帰りの支度が遅くなっていつまでも帰れない！　そんな経験ありますよね？　「早くしなさい！」と大声を出すことは避けなければなりません。コロナ対策の面からも望ましくありません。そんな時に使えるネタです。

●　や　り　方　●

① 　班ごとに合格を出して帰らせる方法です。授業終了と同時に班のメンバー全員がランドセルの中に荷物をしまい，ふたをして机の上に置くことができたら，班のメンバー全員で挙手させて「できました！」と先生を呼びます。

② 　机の上の整頓具合，姿勢，挙手の伸ばし具合などを「評価規準」とし，合格してたら「合格！」とコールします。

③ 　「合格」をもらった班から「起立！　礼！　さようなら！」で帰ることができます。

④ 　順位は 3 位くらいまでを判定し，残りはほぼ同時に帰らせるといいでしょう。（動作の遅い子が責められないようにするためです。）

⑤ 　遅い子がいたら手伝ってあげても OK にします。「4 班はみんなで協力し合って早くなったね！　素晴らしい！　さよ

うなら！」などと評価してあげると，雰囲気よく，すばやく
帰ることができます。

9 返事の意義をきっちり指導しよう！
―「分かりましたか？」―

　教師が子どもたちに「分かりましたか？」と聞くことがあります。この「質問」に対して反応しない子がいますが，それを看過してはなりません。きっちり返事の大切さを指導しましょう。

● や り 方 ●

① 「先ほど先生はみなさんに『分かりましたか？』と聞きましたね。全員起立！　私が聞いた時に返事が私に聞こえる声でしっかり言えた人は座りなさい」と追い込みます。座れない子が多いでしょう。
② 「立っている人に聞きます。『分かりましたか？』と聞かれたら返事の仕方には何通りありますか？　そうですね。2通りです。1つ目は『はい』，2つ目は『いいえ』です。実はこれらの返事には後ろに，ある言葉が省略されているのです。

> はい，分かりました。
>
> いいえ，分かりません。質問があります。

分かりますか？」と言って前ページのように板書します。

③　「この2つ以外にありません。黙っていた人は『分かって
いない』のですから質問しなければならないということなの
です。」ここまで話して最後に聞きます。「返事にはそのよう
な意味がある。分かりましたか？」今度はほとんどの子がは
っきりした声で「はい」と返事することでしょう。習慣づけ
ていきたいものです。

10 子どもを「追い込む」方法の 2バージョン

　挙手などをさせる時，子どもに「挙手をしてもしなくて
も評価は同じ」ということを学ばせてはいけません。その
ような状況を許すと，「真面目にやっても手抜きをしても
同じなら，どうせなら手を抜こう」という子どもたちにし
てしまう危険性があります。

●　や り 方　●

　例えば隣同士で「今日の授業で学んだことは何か，意見を交
流しなさい。できたら着席しなさい」と指示したとします。こ
の後全員が着席したら全員が「意見を持っている状態」である
はずです。それなのに「では意見が言える人？」と聞き，挙手
した数名をあてて意見を言わせるのは愚の骨頂です。
　そんな時は例えば次のような方法で子どもたちを追い込みま
す。

①　優しいバージョン
　「では意見が言える人？」（数名しか挙手しません。）
　「あれ？　意見が言えない人？」（おそらく誰も挙手しないで
しょう。）

「もう一度聞きます。意見が言える人？」（これで全員挙手するでしょう。）

でもこれでダメなら次のバージョンです。

②　厳しいバージョン

「では意見が言える人？」（数名しか挙手しません。）

「今，挙手しなかった人は立ちます。」（ほぼ全員が立つはずです。）

「君たちはお互いの意見を交流し合ったから着席したはずだ。それなのに自分の意見が言えないのはなぜですか？　理由を聞かせてください。」

「君たちは次のうちのどれかです。

　　①意見が言えるのに言わない。つまり「怠け」。

　　②寝てた。

　　③日本語が理解できない。

　この 3 つ以外にあるのなら言ってみなさい。」

「もう一度聞きます。意見が言える人？」（これで全員挙手するはずです。）

　　子どもたちは教師の指導の甘さを突いて「怠ける名人」です。教師が隙を見せたら一気に崩れていきます。

11 子どもを育てる指導の骨格
―プリント配り―

　人間として大切な所作を教え，徹底する。そのような「育てる」指導を心がければ学級は荒れることはありません。
　例えばプリント配り。1年間に何百回と繰り返すこの局面で次のような順序で指導します。

● や り 方 ●

①　子どもたちを見取る

　とりあえずはプリント配りをやらせてみます。その時に子どもたちの未熟な点をチェックしておきます。例えば「身体を捻っていない」「声がけがない」などの点です。

②　言動を中断する

　「やめなさい。もう一度プリントを前に戻しなさい」と指示します。

③　中断した理由を問う

　「なぜプリント配りをやめさせたか分かりますか？」と発問します。

④　理想イメージを持たせる

　教師の持つ理想イメージが出されるか，よく子どもの発言を聞いておきます。出なければ教師から教えればいいでしょう。

⑤　手本を見せる

　数人の子やある列にやらせてみます。

⑥　評価する

　良かった点，ダメだった
点を教えます。必要に応じ
て再度手本を見せます。

あんがとう

どうぞ

⑦　全員でやらせる

　全員で一斉にやらせます。

⑧　評価する

　先ほどよりどこがよくなったか教えます。また子どもたちから，良い動きをした後の感想を出させます。

　これ以降，プリント配りの際には指導した通りの言動を徹底して指導します。子どもたちは 1 年後，丁寧にすばやくプリント配りをすることができるようになります。（27 ページの「プリントの配り方を教える」も参照してください。）

12 ゴミが落ちている時に 指導したいこと

　朝教室に来て床にゴミが落ちていたとします。普通なら教師が拾ってゴミ箱に捨てれば終わりなのですが，時にはあえて置いておきましょう。ここは子どもたちに，ある大切な力を身につけさせるチャンスなのです。

●・・・・・・・・・・・・・・・・・・・・・●　や　り　方　●・・・・・・・・・・・・・・・・・・・・・●

① 　朝落ちていたゴミが依然として落ちていたなら次のように言います。「教室を見渡して気づいたことはありますか？そうですね。ゴミが落ちています。これは実は朝から落ちていてずっとそこにあるのです。」

② 　「これはどういうことか分かりますか？」ここで子どもたちに問います。考えを一通り出させます。

③ 　そして答えを示します。「それは，みなさんに『ゴミが落ちていることに気づく力がないこと』あるいは『落ちていても拾おうとする行動力がないこと』なのです。目に見えるゴミに気づかない人に，悲しい思いをしている友達の心の中が分かるはずがありません。だから教室にゴミが落ちているということは，このクラスに人の心を気遣う力が欠けていることを示しているのです。」

　しょっちゅう教室にゴミが落ちている学級には「崩壊」
の危険性があると言われます。折に触れて指導したいも
のです。

13 相手意識をもって提出させる
―ノート，プリントなど―

　子どもたちには日々，実に多くの提出物があります。宿題や授業中のプリント，授業ノート，調査票などの文書……。多くの場合，子どもたちが個人で提出するか，係や担当の子がそれらを集めることになるのですが，先生方はこれらをどのように提出させていますか？

　年間にすれば実に何百もの提出物があるはずです。そのたびに子どもたちには「相手意識」を持った行為を指導したいものです。例えば次のようなことを指導します。

───────●　や り 方　●───────

①　ノートやプリントの向き

　多くの場合，集めてチェックなどの作業をするのは担任教師です。担任の先生がすぐに読める向きに提出させましょう。受け取った人が向きを直す手間を省けることを教えます。

②　10冊ごとにノートの向きを変える

　ノートや教科書のような厚い冊子は同一方向で重ねると安定が悪くなります。そこで，10冊ごとに向きを逆にします。安

定が良くなるほかにも，一目で何冊提出されているかが明らか
になります。

③　時には男女別やグループ別で

　宿題などの提出状況を把握したい時にはこのようにしてもら
うと楽ですよね。

　　提出した時は，子どもたちにとっては「一仕事の終わ
りです」が，そこからが「もらった人の新たな仕事の始
まり」であることを指導したいものです。

育てるミニネタ

おわりに

　教師という職業は，一所懸命にやってもそうでなくても給料にそれほど差は生じません。このような環境下では「社会的手抜き」が蔓延ることになります。どんなつまらない授業をしても，どんなに子どもと信頼関係を構築できなくても，年を経るほど給料は上がっていく。ならば適当にやってる方がマシですからね。

　しかし，授業や学級づくりは適当にやっていてうまくいくほど甘いものではありません。授業がうまくいかずに子どもたちとの心の距離は遠のき，保護者からはクレームの嵐。それでも図太く生き恥をさらすのもまた人生なのかもしれませんが。

　私はそんな人生はいやです。未熟なら未熟なりに努力し，年を経るごとに力をつけていきたい。そう願って未熟な自分を支えてくれる「小さな技」を少しずつでもいいから収集してきた結果が「ミニネタ」なのです。いわば自分の未熟さを自覚した結果の所産なのです。

　教職を重ねて 30 年。振り返ると実にたくさんの役立つミニネタが集まりました。これらを一人の教師がまたはじめから 1 つずつ集めていくのは大変な労力を要します。でもこの 1 冊に集められたミニネタさえ知っていれば明日の授業は変わります。そしてミニネタは即戦力となり，先生の骨太な力量向上に資すること間違いなしです。ぜひお試しください。

　　2020 年 7 月　　　　　　　　　　　土作　彰

● 著者紹介

土作 彰

1965 年大阪生まれ。現在奈良県広陵東小学校教諭。
2002 年奈良教育大学大学院教育学研究科修了。
研究題目『学級経営における教師の指導性に関する研究』
「学級づくり」改革セミナー主宰。日本教育ミニネタ研究会代表。
主な著書に『知っているだけで大違い！ 授業を創る知的ミニネタ 45』（編著）『授業づくりで学級づくり』『コピーして使える授業を盛り上げる教科別ワークシート集（高学年）』（共編著）『42 の出題パターンで楽しむ痛快理科クイズ 660』（共著）（以上，黎明書房），『子どもを伸ばす学級づくり』（日本標準），『ミニネタで愉快な学級を創ろうよ』（学陽書房）など多数。

＊イラスト・さややん。

どの子も笑顔になれる学 級 づくり＆授 業 づくりのネタ 35

2020 年 9 月 1 日　初版発行

著　者	土 作	彰
発行者	武 馬	久仁裕
印　刷	株式会社太洋社	
製　本	株式会社太洋社	

発 行 所　　　　　株式会社 黎 明 書 房

〒460-0002　名古屋市中区丸の内 3-6-27　EBS ビル　☎ 052-962-3045
　　　　　　　FAX 052-951-9065　振替・00880-1-59001
〒101-0047　東京連絡所・千代田区内神田 1-4-9　松苗ビル 4 階
　　　　　　　☎ 03-3268-3470

知っているだけで大違い！
授業を創る知的ミニネタ 45
土作彰編著

A5・102 頁　1700 円

子どもも教師も笑顔になれる，国語・算数・理科・社会の「授業に使えるミニネタ」33 種と「学級経営と授業をスムーズに流せるようになるネタ」12 種を紹介。経験の浅い，若い先生の役に立つネタ満載。すぐ使えます。

授業づくりで学級づくり
土作彰著

A5・125 頁　2000 円

子どもたちが「このクラスの仲間と一緒に学べて良かった！」と思える学級づくりを意識した授業づくりのノウハウを，国語・社会・算数・理科・体育・給食の実践を通して紹介。

コピーして使える授業を盛り上げる
教科別ワークシート集〈高学年〉
土作彰・中村健一編著

B5・79 頁　1800 円

小学校高学年の授業の導入や学級づくりに役立つ，著者の教育技術の全てをつぎ込んだ楽しいワークシート集。国語・算数・理科・社会の各 8 項目に学活 3 項目を加え，計 35 項目収録。コピーして何度でも使えます。「エライ！　シール」付き。

42 の出題パターンで楽しむ
痛快理科クイズ 660
土作彰・中村健一著

B6・93 頁　1200 円

教師の携帯ブックス⑤／授業を盛り上げ，子どもたちをあっという間に授業に引き込む，教科書内容を押さえた 660 の理科クイズと，クイズの愉快な出し方を言葉掛け付きで 42 種紹介。理科の知識が笑って身に付き，学力がぐんとアップ！

新装版　教室で家庭で
めっちゃ楽しく学べる国語のネタ 63
多賀一郎・中村健一著

A5・96 頁　1600 円

短い時間ででき，楽しみながら国語の言語感覚を磨けるクイズやゲーム，パズル，ちょっとした話などを，低学年・中学年・高学年に分けて紹介。国語が苦手な子も得意な子も勉強に飽きさせない，おどろきの面白ネタが満載。新装・大判化。

新装版
めっちゃ楽しく学べる算数のネタ 73
中村健一編著

A5・96 頁　1600 円

子どもたちがなかなか授業に乗ってこない時，ダレてきた時などに使える，子どもが喜ぶ算数のネタを，低学年・中学年・高学年・全学年に分け紹介。算数が苦手な子も得意な子も飽きさせない楽しいネタがいっぱい。新装・大判化。

スキマ時間で大盛り上がり！
楽しい教室クイズ 77
三好真史著

A5・94 頁　1600 円

シリーズ・教師のネタ 1000 ①／授業の合間などにできるスキマ時間にクイズで大盛り上がり！　簡単すぎず，難しすぎない，子どもたちが大喜びの絶妙の 77 問。学級づくりにも役立つ，先生の心強い味方です。

表示価格は本体価格です。別途消費税がかかります。

■ホームページでは，新刊案内など，小社刊行物の詳細な情報を提供しております。
「総合目録」もダウンロードできます。http://www.reimei-shobo.com/